Annemarie Wildeisen
Doris und Robert Wälti-Portner
Das Provence-Kochbuch

Annemarie Wildeisen
Doris und Robert Wälti-Portner

Das Provence-
Kochbuch

AT Verlag

© 1989
AT Verlag Aarau/Schweiz
Fotos: Doris und René Wälti-Portner
Gesamtherstellung: Grafische Betriebe
Aargauer Tagblatt AG, Aarau
Printed in Switzerland

ISBN 3-85502-366-2

Inhalt

Knoblauch, Kräuter und Oliven: Streifzug durch die Provence-Küche

Das Porträt einer eigenwilligen, natürlichen und ehrlichen Küche.

«La cuisine du soleil»

Wer als Tourist in die Provence fährt, hat es nicht leicht, die Küche dieser Region zu entdecken. Die Restaurants, welche die traditionelle provenzalische Küche pflegen, sind wenige geworden. Das mag daran liegen, dass diese Küche eigentlich eine Küche der Bauern ist, einfach, ländlich, bodenständig – und dies passt schlecht in unser heutiges Zeitbild, vor allem jener Leute, die das mondäne Antlitz der Provence, der Côte d'Azur suchen.

Wer das Glück hat, zum erstenmal wirklich provenzalisch essen und geniessen zu dürfen, der wird sich allerdings beharrlich auf die Suche nach dieser würzigen, natürlichen Küche machen. Und zu entdecken gibt es vieles! Eigentlich ist sie kaum treffender zu umschreiben, als dies Roger Vergé, der Spitzenkoch in Mougins, getan hat: «La cuisine du soleil!», die Sonnen-Küche. Im Sommer sind es die unwiderstehlich duftenden, frischen Kräuter, die aromatischen Früchte der Felder wie Tomaten, Auberginen oder Melonen, im Winter der Knoblauch und das Olivenöl, die den Duft der Sonne auf die Gerichte übertragen.

Ein wenig Küchen-Geschichte

Als erste waren es die alten Griechen, die die Küche der Provence prägten. Sie waren es, welche die Oliven ins Land brachten. Die Provenzalen verstanden es jedoch schon bald, daraus ein noch besseres Öl als im Ursprungsland herzustellen. Von den nachfolgenden Römern lernten sie vor allem, Saucen herzustellen, die manchen provenzalischen Gerichten noch heute das unverwechselbare, erdige Aroma verleihen. Die Sitte, alle möglichen Arten von kleinen Vorspeisen zu servieren, stammt wahrscheinlich von den spanischen Mauren,

genauso wie Safran als Gewürz. Als Nizza schliesslich 1388 zum Hause Savoyen kam, wurden Einflüsse der italienischen Küche spürbar, so zum Beispiel in Form von Nudeln oder Polenta als Bestandteil von Gerichten, die im Südosten der Provence beheimatet sind.

Einheimische Zutaten wie Thymian, Fenchel, Anis, Sardellen, Knoblauch, Olivenöl und Tomaten verliehen jedoch allem «Importierten» das typische Provence-Aroma, so dass es schwer zu erkennen ist, welches Gericht nun wirklich aus der ursprünglichen provenzalischen Küche stammt. Vor allem aber wurden früher die Rezepte nicht aufgeschrieben, sondern von der Mutter auf die Tochter überliefert, welche sie wiederum auf dieselbe Weise an die nächste Generation weitergab. Dies hat nicht zuletzt zur Lebendigkeit der Provence-Küche beigetragen, ihr immer Platz für Spontaneität gelassen.

Die Aromen der Provence-Küche

Drei Dinge machen letztlich das Unverwechselbare der provenzalischen Küche aus: Kräuter, Knoblauch und Oliven.

«Herbes de Provence»

Genauso würzig wie die Luft der Provence duften ihre Gerichte nach Kräutern. Wohl jedem, der die Provence bereist hat, sind die «Herbes de Provence» (Kräuter der Provence) in einem Souvenir-Laden oder auf einem der zahlreichen Märkte begegnet, und auch bei uns ist diese Gewürzmischung inzwischen in fast jedem Lebensmittelgeschäft erhältlich. Leider – muss man sagen. Denn wer die Herbes de Provence nicht mit Gefühl und Verstand dosiert, verdirbt damit jedes Gericht: Am Ende schmeckt alles gleich. Weit besser und phantasievoller ist es, die Gewürze selber zusammenzustellen, wenn möglich frisch, abgestimmt auf das einzelne Gericht.

Zu den wichtigsten Provence-Kräutern gehören:

Thymian: für Gemüsegerichte (vor allem mit Tomaten und Zucchini), Geflügel, Kaninchen, Rind-, Schweine-, Kalb- und Lammfleisch, Fischsud.

Bohnenkraut: für frische und getrocknete Hülsenfrüchte, Lammfleisch, Kräutersaucen, Ziegenkäse-Spezialitäten.

Rosmarin: für Fisch, Geflügel, Kaninchen, Lamm-, Rind- und Schweinefleisch, Gemüse- und Kartoffel-Eintöpfe.

Salbei: für Fischsuppen, Fischgerichte, Geflügel, Schweine-, Kalb- und Lammfleisch, Leber, Kartoffeln.

Majoran: für Gemüsesuppen, Geflügel, Schweine- und Lammfleisch, Kräutersaucen.

Oregano: für Kartoffel- und Tomatensuppen, Schweinefleisch, Gemüsegerichte (vor allem aus Tomaten und Auberginen), Tomatensauce.

Basilikum: für Gemüsesuppen und -gerichte, Fisch, Lamm- und Kalbfleisch, Kräutersaucen.

Petersilie: für alle Gemüsegerichte, Fischsud, Kräutersaucen, Salate, Geflügel, Braten aller Art.

Dill: für Blatt- und Gurkensalate, Gurken- und Zucchettigerichte, Fisch und Meeresfrüchte, Kräutersaucen.

Lorbeer: für Suppen, Sude, Bouillons, Ragouts und Schmorbraten, Kaninchen, Gemüseeintöpfe.

Lavendel: für Fischsuppen, Lammfleisch und Kräutersaucen.

Das Bouquet garni

Dieses zum Würzen unentbehrliche «Kräutersträusschen» besteht – wenn im Rezept nicht anders vermerkt – aus einem grossen Zweig Thymian, einem Lorbeerblatt und einigen Petersilienstengeln, die mit einem Küchenfaden zusammengebunden in alle Suppentöpfe, viele Gemüsegerichte und Fleisch-Schmortöpfe gegeben werden.

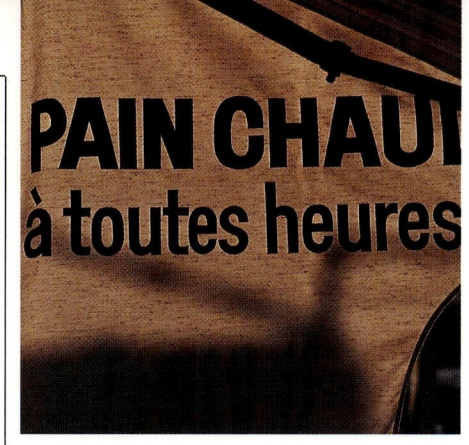

Gewürz-König Knoblauch

Pech für den, der Knoblauch nicht mag! Er muss um die Provence-Küche einen grossen Bogen schlagen. Denn Knoblauch ist in fast allen provenzalischen Gerichten allgegenwärtig. Das mag nicht zuletzt daran liegen, dass die Legende besagt, Knoblauch vertreibe böse Geister und Vampire, und täglich genossen gilt er als Quelle ewiger Jugend. Wohl nirgendwo anders auf der Welt als in der Provence findet man auf den Sommermärkten eine solche Fülle von Knoblauch. Als besonders fein im Aroma und gut bekömmlich gilt der «rote Knoblauch». Wer ihn findet, sollte einen Vorrat davon anlegen; er ist übrigens sehr lange haltbar. Im Gegensatz dazu sollte man vom herkömmlichen weissen Knoblauch immer nur soviel vorrätig haben, wie man innerhalb von zwei bis drei Wochen verbrauchen kann, da er durch Lagern bei Zimmertemperatur schnell fault.

Sparsam angewendet, belästigt Knoblauch auch nach dem Essen empfindliche Nasen nicht. Und wenn er mitgekocht wird, verliert er ohnehin einen grossen Teil seines intensiven Geruchs, aber auch seiner Schärfe. Ebenfalls wesentlich milder ist er, wenn man ihn fein hackt, anstatt durch Knoblauchpressen zu treiben. Die Provenzalen kochen ihn oft in Suppen oder Saucen ganz mit, was ein sehr zartes Knoblaucharoma bewirkt. Wenn Knoblauchzehen eine «grüne Seele» besitzen, d.h. einen grünen Keim im Innern aufweisen, sollte man diesen herausschneiden, da er ausgesprochen bitter und scharf schmeckt. Auch allzu heisses Fett bekommt ihm nicht, deshalb beim Anbraten darauf achten, dass die Hitze nicht zu gross ist.

Oliven und Olivenöl

Die würzigen Früchte der knorrigen Olivenbäume ergeben nicht nur ein köstlich aromatisches Öl, das nahezu alle Gerichte der Provence-Küche prägt, sie sind mit ihrem unverwechselbaren, sehr eigenwilligen Geschmack auch Gewürz und pikante Zutat zugleich.

Olivenbäume können über tausend Jahre alt werden. Es dauert gut zehn Jahre, bis ein Baum Früchte trägt und weitere 15 bis 20 Jahre, bis er gewinnbringende Ernten abwirft.

Erntezeit für die grünen, unreifen Oliven ist September, für die reifen dunkelbraunen oder schwarzen Oliven der November. Früchte, aus denen man Öl gewinnt, werden sogar erst im Januar von den Bäumen geschlagen.

Oliven gibt es in vielen Sorten, die sich in Grösse, Farbe, Ölgehalt und Aroma unterscheiden. Die sogenannten Essoliven werden auf Grösse und viel Fruchtfleisch, diejenigen für Öl auf höheren Ölgehalt (bis zu 60% im Fruchtfleisch!) gezüchtet. Der Geschmack der Oliven hängt weitgehend von Klima und Bodenbeschaffenheit ab. Hingegen steht er in keinem Zusammenhang mit der Grösse oder dem Aussehen der Früchte. Oft schmecken jene am besten, die klein und unansehnlich sind.

Rohe Oliven sind unglaublich bitter und nicht essbar. Der Bitterstoff kann durch wiederholtes Wässern entfernt werden. Er verschwindet auch allmählich, wenn man die Oliven mehrere Monate in Salzwasser einlegt, allerdings nicht bei allen Arten.

Grüne Oliven werden unreif gepflückt; sie sind im Geschmack eher herb. In der Provence zieht man allerdings die ausgereiften dunklen Oliven vor; sie sind geschmacklich milder als die grünen. Essoliven werden in Öl, Essig oder Salzlake eingelegt angeboten; es gibt sie gequetscht und fermentiert, mit oder ohne Stein, oft auch gefüllt mit einem Streifchen roter Peperone, mit Mandeln, Sardellen oder Kapern, gewürzt mit Thymian, Fenchel oder Knoblauch. Um herauszufinden, was einem am besten zusagt, gibt es nur eines: ausprobieren.

Das beste Olivenöl stammt aus der ersten, schwachen, kalten Pressung der reifen Oliven. Es hat einen ganz besonders ausgeprägten Fruchtge-

schmack und wird unter der Bezeichnung «extra vierge» (kaltgepresst) verkauft. Das Olivenöl aus den nachfolgenden Pressungen wird raffiniert und besitzt einen weniger ausgeprägten Eigengeschmack. Olivenöl ist ziemlich lange haltbar, sollte jedoch bei gleichbleibender Temperatur und möglichst lichtgeschützt aufbewahrt werden. Da das Olivenöl der höchsten Qualität «extra vierge» ungefiltert ist, kann sich mit der Zeit ein Bodensatz bilden, der aber weder einen Einfluss auf den Geschmack noch die Bekömmlichkeit des Öls hat.

Zum Auftakt:
Vorspeisen und kleine Zwischengerichte

Es sind die kleinen Gerichte – zum Beispiel ein würziger Aufstrich für knuspriges Brot –, die den ganz besonderen Charme der Provence-Küche ausmachen. Man geniesst sie, wenn gegen Mittag der erste Hunger aufkommt, am späten Nachmittag zum Apéritif oder auch als Auftakt zu einer Mahlzeit.

Tapénade

Olivenpaste

200 g schwarze Oliven
4–5 Sardellenfilets
200 g Kapern
1 EL frische Thymianblättchen
1 EL frische Rosmarinnadeln
½ dl Olivenöl
schwarzer Pfeffer
etwas Zitronensaft

Die Oliven entsteinen. Die Sardellenfilets gut abtropfen lassen und zusammen mit den Oliven, den Kapern, dem Thymian und dem Rosmarin in einem Mörser zerreiben oder mit dem Wiegemesser fein hacken.

Das Olivenöl unter die Paste rühren. Mit reichlich frisch gemahlenem Pfeffer aus der Mühle sowie etwas Zitronensaft abschmecken.

Die Paste wird zu frischem Pariserbrot, geröstetem Toastbrot oder zu hartgekochten Eiern serviert.

Zum Rezept

Der Name dieser würzigen Paste stammt von der provenzalischen Bezeichnung für Kapern, «tapénos». Sie wird übrigens auch provenzalischer Kaviar genannt. Je nach Rezept variiert der Anteil Kapern und vor allem der Anchovisfilets. In einem Glas mit Schraubverschluss ist die Paste längere Zeit haltbar, so dass es sich lohnt, gleich eine grössere Menge davon herzustellen.

Le mesclun

Provenzalischer Blattsalat

75 g	Löwenzahn
75 g	Schnittsalat
50 g	Portulak
50 g	Kresse
50 g	Cicorino verde

Sauce:

3–4 EL	Rotweinessig
1 TL	scharfer Senf
1	Knoblauchzehe
Salz, Pfeffer	
6 EL	Olivenöl

Zum Servieren:

2	Scheiben Toastbrot
30 g	Butter
1	Knoblauchzehe

Alle Salate rüsten, waschen und gut abtropfen lassen. In eine grosse Schüssel geben.

Für die Sauce den Rotweinessig mit dem Senf, der feingehackten Knoblauchzehe, Salz und Pfeffer verrühren. Dann das Olivenöl beifügen und alles zu einer sämigen Sauce mischen.

Das Toastbrot in kleinste Würfelchen schneiden und in der warmen Butter goldbraun rösten. Zuletzt die Knoblauchzehe darüberpressen. Unmittelbar vor dem Servieren den Salat mit der Sauce mischen und die Croûtons darüberstreuen.

Zum Rezept

Der Mesclun ist ein typischer Salat aus der Region von Nizza, der ursprünglich aus einer Mischung von Wildkräutern und jungen Blattsalaten bestand. Übrigens: Daher leitet sich auch sein Name ab: Im Provenzalischen bedeutet «mescla» mischen.

Auf den provenzalischen Märkten wird heute Mesclun als Salatmischung angeboten, die je nach Jahreszeit variieren kann. Ebenfalls geeignet sind neben den obenstehenden Zutaten alle jungen Blattsalate, krause Endivie, Kerbel oder Riccola (französisch: Roquette).

Salade niçoise

Nizza-Salat

200 g grüne Bohnen	
1	**mittlerer Kopf Lattich**
	oder Endiviensalat
2	**Fleischtomaten**
1	**gelbe Peperone (Paprika)**
1	**mittlere Zwiebel**
2	**hartgekochte Eier**
1	**Dose Thon**
	(abgetropft 150 g)
20	**schwarze Oliven**

Sauce:

4 EL	**Rotweinessig**
Salz, schwarzer Pfeffer	
6 EL	**Olivenöl**
8	**Basilikumblätter**
½	**Bund Petersilie**

Die Bohnen rüsten und in Salzwasser knapp weich kochen. Gut abtropfen lassen.

Den Lattich oder Endiviensalat rüsten, waschen, gut abtropfen lassen und vier Suppenteller oder eine grosse, weite Platte damit auslegen. Die Tomaten in Schnitze, die Peperone in Streifen, die Zwiebel in Ringe schneiden und zusammen mit den Bohnen auf den Salatblättern anrichten.

Die Eier schälen und vierteln. Den Thon gut abtropfen lassen und in Stücke zerpflücken. Mit den Eivierteln und den Oliven auf dem Salat verteilen.

Für die Sauce den Essig, Salz, Pfeffer und das Öl zusammen verrühren. Dann das in feine Streifchen geschnittene Basilikum und die gehackte Petersilie beifügen. Die Sauce unmittelbar vor dem Servieren über den Salat träufeln.

Zum Rezept

Diesen farbenfrohen Gemüsesalat gibt es in so vielen Variationen wie man Köche zählt. Seine Zutaten sind zum Teil abhängig von der Jahreszeit und von dem, was im Haushalt vorrätig ist. Immer dabei sind jedoch grüne Salatblätter, Tomaten, schwarze Oliven, Thon oder Sardellenfilets. Schon in der Originalvariante wurden übrigens nie Thon und Sardellenfilets zusammen an den Salat gegeben. Thon war damals teuer und kam nur an Festtagen auf den Tisch; im Alltag wurde er durch die preisgünstigen Sardellen ersetzt.

Tomates au thon

Thon-Tomaten

6	Tomaten
Salz, schwarzer Pfeffer	
3	Eier
2	Sardellenfilets
60 g	Kapern (abgetropft gewogen)
150 g	Thon (abgetropft gewogen)
2 EL Mayonnaise	

Von den Tomaten einen Deckel wegschneiden und mit einem Pariser-löffel die Kerne sowie etwas Fruchtfleisch herauskratzen. Das Tomateninnere mit Salz und Pfeffer würzen und die Früchte mit der Höhlung nach unten auf Küchenpapier abtropfen lassen.

Die Eier hart kochen und unter kaltem Wasser abschrecken, dann schälen und vierteln. Die Eiviertel in ein nicht zu feinmaschiges Sieb geben und mit Hilfe eines Löffels durchdrücken. Die Sardellenfilets kurz unter kaltem Wasser spülen und ebenfalls durch das Sieb streichen. Zwei Drittel der Kapern fein hacken.

Den Thon gut abtropfen lassen und mit einer Gabel fein zerpflücken. Mit den Eiern, den Sardellenfilets, den Kapern und der Mayonnaise mischen. Mit Salz und Pfeffer abschmecken. Die Masse in die Tomaten füllen und mit den restlichen Kapern garnieren. Bis zum Servieren kühl stellen.

Zum Rezept

Heute gibt es in jedem Lebensmittelgeschäft Thon in Dosen zu kaufen. Doch früher hat jede Hausfrau an der Côte d'Azur Thunfisch selber in kleinen Holzfässchen im Olivenöl konserviert, vor allem in den Monaten August und September, welche als «Hochsaison» für diesen delikaten Fisch gelten.

Gigot d'aubergines

Knoblauch-Auberginen

2	Auberginen
6	Knoblauchzehen
1 TL	frische Thymianblättchen

Zum Servieren:

	Salz, schwarzer Pfeffer
2	Zitronen
	kaltgepresstes Olivenöl

Die Auberginen waschen. Dann mit einem spitzen Küchenmesserchen rundum an jeder Frucht gut 1 cm tiefe Einschnitte anbringen. Die Knoblauchzehen schälen und in dünne Stifte schneiden. In jeden Einschnitt einen Knoblauchstift sowie einige Thymianblättchen drücken; am besten geht dies mit Hilfe des Messers. Die gespickten Auberginen in eine eingeölte Gratinform legen und im auf 180 Grad vorgeheizten Ofen auf der zweituntersten Rille während 60 Minuten backen.

Man kann die Auberginen lauwarm oder kalt servieren. Dazu die Früchte der Länge nach halbieren, mit Salz und Pfeffer bestreuen und mit Zitronensaft sowie Olivenöl beträufeln. Zum Essen schabt man das Auberginenfleisch mit einem Löffel aus der Schale. Als Beilage passen Pariserbrot oder Toasts und Butter.

Zum Rezept

Zum sogenannten «Auberginenkaviar» wird diese Spezialität, wenn man das Fruchtfleisch unmittelbar nach dem Backen aus der Haut schabt, in eine Schüssel gibt, ½ dl Olivenöl, Saft von ½ Zitrone, Salz, schwarzen Pfeffer, Muskatnuss sowie etwas Cayennepfeffer beifügt und alles zu einer cremigen Masse rührt. Mit in Olivenöl gerösteten Weissbrotscheiben oder Olivenbrot servieren.

Crêpes aux courgettes
Zucchini-Crêpes

4	mittlere Zucchini
2	Eier
2½ dl Milch	
4 EL Mehl	
Salz	
Olivenöl und Kochbutter	
zum Braten	

Den Stielansatz der Zucchini wegschneiden und die Früchte an der Röstiraffel grob reiben. Mit Salz bestreuen und mindestens 15 Minuten, besser aber länger Wasser ziehen lassen.

In der Zwischenzeit in einer grossen Schüssel die Eier verquirlen. Die Milch und das Mehl beifügen und alles zu einem glatten Teig rühren. Wichtig: Der Teig muss dickflüssiger sein als für normale Crêpes! Mindestens 15 Minuten, besser aber länger ruhen lassen.

Die geraffelten Zucchini auf Küchenpapier geben und leicht trocknen. Unter den Teig mischen.

In einer grossen Bratpfanne zu gleichen Teilen Olivenöl und Butter erhitzen. Jeweils 1–2 Löffel Teig hineingeben und die kleinen Crêpes goldbraun braten. Bis zum Servieren warm stellen.

Zum Rezept

Rund 60 Prozent aller Zucchinis, die in Frankreich geerntet werden, stammen aus der Provence. Dementsprechend zahlreich sind auch die provenzalischen Rezepte mit diesen delikaten Gemüsefrüchten.

Les omelettes

Provenzalische Omeletten

Grundmasse:	
8	Eier
4 EL	Milch oder Rahm
Salz, Pfeffer	
4 EL	Olivenöl

Spinatomelette:	
500 g	Spinat
1	mittlere Zwiebel
2	Knoblauchzehen
4 EL	Olivenöl
Salz, schwarzer Pfeffer	
Muskatnuss	
50 g	geriebener Parmesan
2 EL	gehackte Petersilie
2 EL	gehacktes Basilikum

Tomatenomelette:	
4	grosse Fleischtomaten
1	mittlere Zwiebel
2	Knoblauchzehen
Salz, schwarzer Pfeffer	

Die Eier aufschlagen und mit der Milch oder dem Rahm, Salz sowie Pfeffer in einer Schüssel kurz verquirlen. In einer grossen Bratpfanne das Öl erhitzen. Die Eimasse sorgfältig hineingiessen. Mit einer Gabel von aussen zur Mitte hin während einiger Minuten langsam rühren. Dann die Hitze ganz klein stellen und die Omelette stocken lassen, sie soll jedoch innen noch cremig weich sein. Mit Hilfe eines grossen Tellers die Omelette wenden und noch 10 Sekunden auf der zweiten Seite braten. Sofort servieren.

Für die Spinatomelette wird der Spinat blanchiert und anschliessend mit den feingehackten Zwiebeln und Knoblauchzehen im Olivenöl kurz gedünstet. Mit Salz, Pfeffer und Muskat würzen. Den Käse und die Kräuter mit der nach Grundrezept zubereiteten Omelettenmasse mischen, in die Pfanne geben, den Spinat beifügen und die Omelette backen.

Für die Tomatenomelette die Tomaten häuten, entkernen und in Würfel schneiden. Zusammen mit den feingehackten Zwiebeln und Knoblauchzehen im Olivenöl kurz dünsten. Mit Salz und Pfeffer würzen. Die Omelettenmasse nach Grundrezept zubereiten, in die Pfanne geben, die Tomaten beifügen und die Omelette backen.

Zum Rezept

In der Provence werden Omeletten mit den vielfältigsten Füllungen zubereitet und zu allen möglichen Gelegenheiten sowohl warm wie kalt serviert.

Soupe au pistou
Gemüsesuppe mit Basilikumpaste

200 g	**getrocknete grosse weisse Bohnen**
2–3	**Fleischtomaten**
2	**grosse Kartoffeln**
2	**Lauchstengel**
1	**Bund Stangensellerie**
1	**Würfel Gemüsebouillon**
Salz, schwarzer Pfeffer	
300 g	**grüne Bohnen**
300 g	**Zucchini**
75 g	**Maccheroni (lange Hohlnudeln)**

Pistou:

4	**Knoblauchzehen**
2	**grosse Bund Basilikum**
100 g	**geriebener Parmesan oder Greyerzer**
zirka ½ dl Olivenöl	

Die weissen Bohnen über Nacht in kaltem Wasser einweichen. Dann mit 2½ Liter Wasser aufsetzen und während 45 Minuten kochen lassen.

Die Tomaten kurz in kochendes Wasser tauchen, schälen, quer halbieren, entkernen und in Würfel schneiden. Die Kartoffeln schälen und ebenfalls würfeln. Vom Lauch die groben grünen Blatteile entfernen und den Stengel in 1 cm dicke Ringe schneiden. Alle schönen Blätter des Stangenselleries abstreifen und klein schneiden. 3–4 zarte Stangenselleriezweige in kleine Stücke schneiden (den restlichen Stangensellerie anderweitig verwenden).

Alle vorbereiteten Gemüse mit dem Bouillonwürfel zu den Bohnen geben. Aufkochen, die Suppe mit Salz und Pfeffer würzen und auf kleinem Feuer eine gute Stunde leise kochen lassen.

Inzwischen die grünen Bohnen rüsten und in 3–4 cm lange Stücke schneiden. Den Stielansatz der Zucchini entfernen und die Früchte ungeschält in Scheiben schneiden. Die Maccheroni 2–3mal brechen. Diese Zutaten nach einer guten Stunde Kochzeit beifügen. Die Suppe nochmals eine halbe Stunden kochen lassen.

Für den Pistou die Knoblauchzehen und das Basilikum fein hacken. Mit dem Käse in ein Schüsselchen geben und mit dem Olivenöl zu einer dicken Paste rühren. Vor dem Auftragen der Suppe mit einigen Löffeln heisser Kochflüssigkeit verrühren. Separat zur Suppe servieren, damit diese von jedem Gast individuell mit Pistou gewürzt werden kann.

Soupe de courge
Kürbissuppe

750 g	Kürbis
750 g	Kartoffeln
4	Lauchstengel
2	grosse Zwiebeln
4 EL	Olivenöl
	Salz, schwarzer Pfeffer
	Muskatnuss
4 EL	Doppelrahm oder
	Crème fraîche
½	Bund Petersilie

Croûtons:

2	Scheiben Toastbrot
25 g	Butter

Den Kürbis schälen und die Kerne entfernen. Das Fruchtfleisch in Würfel schneiden. Die Kartoffeln ebenfalls schälen und würfeln. Den Lauch rüsten und in dünne Ringe schneiden. Die Zwiebeln schälen und in Scheiben schneiden.

Das Olivenöl in einer grossen Pfanne erhitzen und zuerst die Zwiebeln andünsten. Dann den Lauch beifügen und kurz mitdünsten. Erst jetzt die Kürbis- und Kartoffelwürfel dazugeben und mit gut 1½ Liter Wasser auffüllen. Mit Salz, Pfeffer und Muskat würzen. Alles auf kleinstem Feuer 1 Stunde kochen lassen.

Die Suppe durch ein Passiersieb treiben oder im Mixer pürieren. Mit dem Doppelrahm verfeinern und wenn nötig nachwürzen. Unmittelbar vor dem Servieren die feingehackte Petersilie beifügen.

Für die Croûtons das Toastbrot fein würfeln und in der Butter goldbraun braten. Über die angerichtete Suppe geben.

Zum Rezept
Eine Augenweide wird die Suppe, wenn man sie in einem ausgehöhlten Kürbis anrichtet. In der Provence kennt man übrigens die verschiedensten Zubereitungsarten von Kürbissuppe: So kann der Kürbis in Milch gekocht werden oder man gibt eine grosse Handvoll Reis in die Suppe - um nur zwei Beispiele zu nennen.

Soupe de riz à la tomate

Reissuppe mit Tomaten

1½ l **Hühnerbouillon**
6 grosse EL Langkornreis
2 grosse Fleischtomaten
Salz, schwarzer Pfeffer

Zum Servieren:
geriebener Greyerzer

Die Hühnerbouillon aufkochen. Den Reis in einem Sieb kalt abspülen. In eine Pfanne geben und 2 Tassen Bouillon beifügen. Aufkochen und den Reis auf kleinem Feuer 10 Minuten quellen lassen.

In der Zwischenzeit die Tomaten kurz in kochendes Wasser tauchen, schälen, quer halbieren, entkernen und mit dem Wiegemesser grob hacken.

Die Tomaten sowie eine weitere Tasse heisse Bouillon zum Reis geben. Die Suppe auf kleinem Feuer weitere 25 Minuten köcheln lassen, dabei nach und nach die restliche Bouillon beifügen. Zuletzt mit Salz und Pfeffer abschmecken. Mit geriebenem Greyerzer servieren.

Zum Rezept

In der Camargue wächst ein erstklassiger Langkornreis, der bei uns leider nur selten zu finden ist. Für diese Suppe sollte man auf keinen Fall einen Parboiled-Reis (vorbehandelt, damit er nicht verkocht) verwenden, da er niemals so schön quillt wie ein gewöhnlicher Langkornreis.

La pissaladière
Zwiebel-Oliven-Kuchen

Teig:

250 g Weissmehl
¼ TL Salz
15 g Frischhefe
zirka 1½ dl lauwarmes Wasser
2 EL Olivenöl

Belag:

1 kg Zwiebeln
½ dl Olivenöl
Salz, schwarzer Pfeffer
10 Sardellenfilets
150 g schwarze Oliven

Das Mehl und das Salz in einer Schüssel mischen. Die Hefe mit einem Teil des lauwarmen Wassers anrühren und zum Mehl geben. Das restliche Wasser sowie das Olivenöl ebenfalls beifügen und alles zu einem glatten, glänzenden Teig kneten; er soll nicht zu trocken sein. Zugedeckt an einem warmen Ort etwa ¾ Stunde gehen lassen.

Die Zwiebeln schälen und in dünne Ringe schneiden. In einer weiten Pfanne das Olivenöl erhitzen und die Zwiebeln auf kleinem Feuer während etwa 40 Minuten zugedeckt sehr weich dünsten. Erst am Schluss salzen und pfeffern.

Den Teig auswallen, zirka ½ cm dick ausrollen und auf ein grosses, rechteckiges Backblech legen. Die Zwiebelmasse darauf verteilen. Mit den Sardellenfilets und den Oliven belegen.

Die Pissaladière im auf 200 Grad vorgeheizten Ofen auf der untersten Rille während 35–40 Minuten backen. Heiss oder lauwarm servieren.

Zum Rezept

Früher wurde diese Spezialität aus Nizza mit «Pissala», einem Fischpüree, bepinselt anstatt mit Sardellenfilets belegt; daher auch der Name Pissaladière.

Pain aux olives

Olivenbrot

900 g Weissmehl	
100 g Buchweizenmehl	
1 TL	Salz
1	Würfel Frischhefe (42g)
zirka 4½ dl lauwarmes Wasser	
2 EL	Olivenöl
300 g schwarze Oliven	

Die beiden Mehlsorten sowie das Salz in einer Schüssel mischen. Die Hefe im lauwarmen Wasser auflösen und beifügen, ebenso das Olivenöl. Alles während 10 Minuten zu einem glatten Teig kneten. In die Schüssel zurückgeben und mit einem feuchten Tuch bedecken. Den Teig an einem warmen Ort um das Doppelte aufgehen lassen (rund 1 Stunde). Dann nochmals durchkneten und eine weitere halbe Stunde gehen lassen.
In der Zwischenzeit die Oliven entsteinen und grob hacken.
Den Teig halbieren und zwei Rechtecke – gut 1 cm dick – ausrollen. Mit je der Hälfte der Oliven belegen, aufrollen und mit der Hand von allen Seiten zu einem Laib formen und drücken. Die Oberseite der Brote mit einer Schere tief einschneiden. Die Brote auf ein Backblech legen und 10 Minuten ruhen lassen. Dann im auf 240 Grad vorgeheizten Ofen auf der untersten Rille 15 Minuten backen. Die Hitze auf 200 Grad reduzieren und die Olivenbrote weitere 30 Minuten backen.

Zum Rezept
Besonders gut schmeckt das Olivenbrot, wenn man es in Scheiben schneidet, mit Olivenöl bepinselt und kurz röstet. Man kann es auch mit Tomatenscheiben und etwas Tapénade belegen oder mit einer dicken Tomatensauce bepinseln und Oliven oder Sardellenfilets daraufgeben und im Ofen kurz überbacken. Mit Salat serviert, wird daraus eine kleine Mahlzeit.

Frisch aus dem Mittelmeer: Fisch und Meeresfrüchte

Am Meer und im angrenzenden Hinterland kommt Fisch jeden Tag auf den Tisch. Die Provenzalen bevorzugen ihn so zubereitet, dass sein Eigengeschmack nicht überdeckt wird.

Bouillabaisse

Provenzalische Fischsuppe

1	Lauchstengel
½	Fenchelknolle
2	Zwiebeln
1	Knoblauchzehe
800 g	Tomaten
½ dl	Olivenöl
1 kg	Fischabschnitte
5 dl	Weisswein
1 TL	Thymianblättchen
4	Petersilienzweige
1	Lorbeerblatt
4	Briefchen Safranpulver
Salz, Pfeffer	

Rouille:

1	rote Paprikaschote
1	Pfefferschote
4	Knoblauchzehen
3–4 EL	Paniermehl

1,5 kg	Fisch mit festem Fleisch
1 kg	Miesmuscheln
8–12	Scampi
1	Pariserbrot
kalt gepresstes Olivenöl	

Den Lauch, den Fenchel und die Zwiebeln in dünne Ringe schneiden. Die Knoblauchzehe grob hacken. Die Tomaten in kleine Stücke schneiden. Das Olivenöl in einer sehr grossen Pfanne erhitzen und alle Gemüse mit Ausnahme der Tomaten solange dünsten, bis es gut riecht. Dann die Fischabschnitte, die Tomaten, den Weisswein, 1,5 l Wasser sowie sämtliche Gewürze beifügen und alles auf kleinem Feuer während 30 Minuten köcheln lassen. Durch ein grosses Sieb abgiessen, die Sudzutaten gut auspressen. In die Pfanne zurückgeben.

Für die Rouille Paprikaschote und Pfefferschote entkernen, in kleine Stücke schneiden und in wenig Salzwasser weich kochen. Abschütten und mit Küchenpapier trocken tupfen. Zusammen mit den geschälten Knoblauchzehen und dem Olivenöl im Mixer fein pürieren. Zuletzt soviel Paniermehl beifügen, dass eine sehr dicke Sauce entsteht.

Kurz vor dem Servieren die Fischbouillon aufkochen. Die Fische (z. B. Rouget, Colin, Seelachs, Dorade, Meeraal, Racasse, Kabeljau usw.) in die Bouillon geben und auf kleinem Feuer 5 Minuten ziehen lassen. Dann die sauber geputzten Muscheln sowie die Scampi in der Schale beifügen und alles noch 8–10 Minuten köcheln lassen. Muscheln, die sich nicht geöffnet haben, entfernen!

Das Pariserbrot in Scheiben schneiden und beidseitig mit etwas Olivenöl einpinseln. Auf ein Blech legen und in der Mitte des auf 250 Grad vorgeheizten Ofens auf beiden Seiten goldbraun rösten.

Zum Servieren je ein Croûton in einen Suppenteller legen, mit einer Siebkelle Fisch und Meeresfrüchte darauf verteilen und dann etwas Bouillon darübergiessen. Die Rouille separat dazu servieren.

Dorade au fenouil

Goldbrasse im Fenchelbett

2	**Fenchelknollen**
4	**Frühlingszwiebeln**
¼ dl	**Olivenöl**
2½ dl	**Weisswein**
Salz, schwarzer Pfeffer	
2	**Fleischtomaten**
1	**Briefchen Safran**
1	**Dorade, zirka 800 g schwer (evtl. auch Loup de mer, Rouget oder Merlan)**
Saft von ½ Zitrone	
etwas Olivenöl zum Beträufeln	

Den Fenchel rüsten und in dünne Streifen schneiden. Die Frühlingszwiebeln ebenfalls rüsten, dabei den schönen Teil der Röhrchen stehenlassen. Die Zwiebeln längs halbieren und diese Hälften in 4–5 cm lange Stücke schneiden.

Das Olivenöl erhitzen und den Fenchel sowie die Frühlingszwiebeln unter Wenden 2–3 Minuten dünsten. Den Weisswein dazugiessen. Das Gemüse mit Salz und Pfeffer würzen und auf kleinem Feuer knapp weich schmoren.

Inzwischen die Tomaten kurz in kochendes Wasser tauchen, schälen, quer halbieren, entkernen und in Würfel schneiden. Am Ende der Kochzeit mit dem Safran zum Gemüse geben und alles noch 3–4 Minuten köcheln lassen. Wenn nötig nachwürzen. Das Gemüse mit einer Siebkelle herausheben, gut abtropfen lassen und auf dem Boden einer Gratinform verteilen. Die Kochflüssigkeit zur weiteren Verwendung beiseite stellen.

Den Fisch wenn nötig ausnehmen und schuppen. Dann auf der einen Seite dreimal diagonal bis auf die Gräten einschneiden. Allseitig mit etwas Zitronensaft, Salz und Pfeffer einreiben. Auf das Gemüsebett legen und mit der Kochflüssigkeit sowie etwas Olivenöl beträufeln.

Den Fisch im auf 220 Grad vorgeheizten Ofen auf der zweituntersten Rille während zirka 20 Minuten garen. Kurz vor dem Servieren nochmals mit etwas Garflüssigkeit übergiessen und mit Olivenöl beträufeln.

Ratatouille de poissons

Fischeintopf mit Tomaten, Zwiebeln und Oliven

1 kg	Tomaten
500 g	Zwiebeln
¼ dl	Olivenöl
1 TL	Thymianblättchen
2–3	Salbeiblätter
1	Lorbeerblatt
100 g	schwarze Oliven
	Salz, Pfeffer
400 g	Kabeljau
400 g	Meeraal
200 g	Rotzungenfilets
1 EL	gehackte Petersilie

Die Tomaten kurz in kochendes Wasser tauchen, schälen und in Würfel schneiden. Die Zwiebeln ebenfalls schälen und in dünne Ringe schneiden. Das Olivenöl erhitzen und die Zwiebeln kurz darin andünsten. Dann die Tomaten, die Kräuter und die Oliven beifügen und alles auf kleinem Feuer 30 Minuten köcheln lassen. Die Sauce mit Salz und Pfeffer würzen.

Die Fischtranchen leicht würzen, in die Sauce legen und zugedeckt auf kleinem Feuer während zirka 20 Minuten garziehen lassen. Vor dem Servieren mit der gehackten Petersilie bestreuen.

Zum Rezept
Auf die gleiche Weise kann Tintenfisch zubereitet werden. Junge, zarte Exemplare sind in 5 Minuten gar; lässt man sie längere Zeit in der Sauce, so werden sie hart und müssen wieder weichgekocht werden (zirka 40 Minuten).

Sardines St-Gilles

Marinierte Sardinen

500 g Tomaten	
1	**Karotte**
1	**kleiner Lauch**
1	**grosse Zwiebel**
3–4 EL	**Olivenöl**
2½ dl Weisswein	
2 EL Tomatenpüree	
1	**Knoblauchzehe**
½ TL Koriander	
1	**Messerspitze Safran**
1	**Prise Cayennepfeffer**
1 EL	**Thymian**
1 EL	**Basilikum**
1 TL	**Rosmarin**
1 TL	**Bohnenkraut**
½ TL Salbei	
Salz, Pfeffer	
12	**mittlere Sardinen**
¼ dl	**Olivenöl**
1	**Bund Petersilie**
1	**Zitrone**

Die Tomaten kurz in kochendes Wasser tauchen, schälen und klein würfeln. Die Karotte, den Lauch und die Zwiebel rüsten, fein hacken und im Olivenöl anziehen. Dann die Tomaten, den Weisswein und das Tomatenpüree beifügen. Den Knoblauch dazupressen und alle Gewürze sowie feingehackten Kräuter beigeben. Die Sauce auf mittlerem Feuer etwa 30 Minuten kochen lassen. Zuletzt mit Salz und Pfeffer abschmecken.

Die Sardinen wenn nötig ausnehmen und schuppen. Im Olivenöl auf beiden Seiten je etwa 3 Minuten braten. In eine rechteckige Gratinplatte legen und die Sauce darüber verteilen. Auskühlen lassen, dann mit Klarsichtfolie decken.

Zum Servieren die Sardinen mit der feingehackten Petersilie bestreuen und mit dünn geschnittenen Zitronenscheiben bedecken. Die Sardinen können 2–3 Tage im Kühlschrank aufbewahrt werden.

Zum Rezept

Die Sardine gehört zusammen mit der Sardelle zu den beliebtesten und auch preisgünstigsten Fischen der Provence-Küche. Vielfach werden die Sardinen auch über dem Holzkohlefeuer zubereitet. Dazu die Fische mit Olivenöl einpinseln, salzen und grillieren. Dazu serviert man eine Knoblauch-Petersilien-Butter sowie Zitronenschnitze.

Moules farcies
à la provençale
Überbackene Muscheln mit Kräutern

2 kg	Miesmuscheln
2	Bund Petersilie
4	Knoblauchzehen
75 g	Paniermehl
½ dl	Olivenöl
Salz, schwarzer Pfeffer	
Olivenöl zum Beträufeln	

Die Muscheln unter fliessendem Wasser gründlich bürsten und säubern; beschädigte Muscheln wegwerfen. In eine grosse Pfanne 2–3 dl Wasser geben, die Muscheln beifügen und zugedeckt aufkochen. Sobald sich die Muscheln öffnen, herausnehmen. Muscheln, die sich auch nach einigen Minuten Kochzeit nicht öffnen, aussortieren; sie sind verdorben. Von den Muscheln jeweils die eine Schalenhälfte ablösen, die andere Hälfte mit dem Muschelfleisch in eine ausgebutterte Gratinform oder auf ein Backblech legen.

Die Petersilie und die Knoblauchzehen fein hacken und mit dem Paniermehl und dem Olivenöl mischen. Die Paste mit Salz und Pfeffer würzen. Mit einem kleinen Löffel über die Muscheln verteilen. Diese zusätzlich noch mit etwas Olivenöl beträufeln.

Die Muscheln im auf 220 Grad vorgeheizten Ofen auf der zweituntersten Rille während 10–12 Minuten überbacken. Sofort sehr heiss servieren. Nach Belieben Zitronenschnitze dazu reichen.

Zum Rezept
Gehen Sie mit dem Olivenöl nicht zu sparsam um, sonst trocknen die Muscheln beim Überbacken gerne aus.

Würziges und Währschaftes: Fleisch und Geflügel

Vom Lamm, Rind, Kaninchen und Huhn stammen die
bevorzugten Fleischstücke der Provence-Küche.
Und Kräuter, Knoblauch, Oliven oder Olivenöl – manchmal
auch alle Zutaten zugleich – verleihen ihnen eine unnach-
ahmliche Würze.

Bœuf en daube avec la macaronade

Geschmortes Rindfleisch mit Maccheroni-Gratin

1 kg	**Rindfleisch (Bratenstück)**

Marinade:

7 dl	**Rotwein**
½ dl	**Rotweinessig**
1	**Bouquet garni**
2	**Zwiebeln**
3	**Nelken**
4	**Karotten**

1	**grosse Zwiebel**
4–5	**Knoblauchzehen**
200 g	**Speckwürfelchen**
Salz, schwarzer Pfeffer	
1	**Stück Orangenschale**
1 TL	**Thymianblättchen**
4	**Petersilienzweige**
1	**Lorbeerblatt**
ca. 4 dl Bouillon oder Wasser	

Macaronade:

250 g Maccheroni (Hohlnudeln)	
150 g geriebener Greyerzer	

Das Rindfleisch in grosse Würfel von etwa 100 g schneiden.

Für die Marinade den Rotwein, den Essig, das Bouquet garni, die halbierten und mit den Nelken besteckten Zwiebeln sowie die in Stengelchen geschnittenen Karotten in eine grosse Schüssel geben. Das Fleisch beifügen und über Nacht marinieren. Dann die Marinade abgiessen und auf die Hälfte einkochen lassen.

Die Zwiebel und Knoblauchzehen fein hacken. Die Speckwürfelchen in einem grossen Schmortopf im eigenen Fett langsam anbraten. Die Zwiebel-Knoblauch-Mischung kurz mitdünsten. Herausnehmen.

Das marinierte Fleisch trocken tupfen, mit Salz und Pfeffer würzen und in zwei Portionen im Speckfett anbraten. Die Karotten und Zwiebeln aus der Marinade, die eingekochte Marinade, die Speckwürfelchen mit der Zwiebel-Knoblauch-Mischung, die Orangenschale, den Thymian, die Petersilienzweige, das Lorbeerblatt und die Bouillon oder das Wasser beifügen. Zugedeckt auf ganz kleinem Feuer während etwa 4 Stunden schmoren lassen.

Die Maccheroni in etwa 5 cm lange Stücke brechen und in Salzwasser knapp weich kochen. Eine Gratinform mit Olivenöl auspinseln, die Maccheroni lagenweise mit dem geriebenen Käse hineingeben; mit Käse abschliessen. Mit zirka 2 dl Saucenflüssigkeit aus dem Fleischtopf beträufeln. Die Macaronade im auf 200 Grad vorgeheizten Ofen auf der zweituntersten Rille während 30 Minuten überbacken.

Les caillettes de Madame

Krautstiel-Hackfleisch-Küchlein

1 kg	**Krautstiele (Rippenmangold)**
75 g	**magerer Frühstücksspeck**
1	**Bund Petersilie**
400 g	**gemischtes Hackfleisch**
1	**Eigelb**
	Salz, Pfeffer aus der Mühle
1	**Schweinsnetz (zirka 200 g)**
8	**Salbeiblätter**
3 EL	**Olivenöl**
1½ dl	**Weisswein**
1½ dl	**Hühnerbouillon**
1 dl	**Doppelrahm oder Crème fraîche**

Die Krautstiele rüsten, dabei nur unschöne Blattstellen entfernen, den Rest des Grüns an den Stengeln belassen. 400 g Krautstiele mitsamt Blättern in Streifen schneiden. In Salzwasser knapp weich kochen, abschütten und mit dem Wiegemesser grob hacken.

Den Speck fein schneiden und in einer Bratpfanne im eigenen Fett langsam auslassen. Die Petersilie hacken. Beides mit den gehackten Krautstielen zum Hackfleisch geben. Das Eigelb beifügen und den Fleisch-Gemüse-Teig gut mischen. Mit Salz und Pfeffer würzen.

Das Schweinsnetz in lauwarmem Wasser einweichen. Dann leicht ausdrücken und auf dem Küchentisch ausbreiten. In acht Quadrate schneiden. In die Mitte jedes Quadrates ein Salbeiblatt legen. Aus dem Fleischteig acht Hackfleisch-Küchlein formen. Je ein Küchlein auf ein Schweinsnetz legen und zu einem Paket verschliessen.

Einen Bräter mit dem Olivenöl ausstreichen. Die Hackfleisch-Küchlein mit der Verschlussseite nach unten hineinlegen. Im auf 250 Grad vorgeheizten Ofen auf der untersten Rille 15 Minuten anbraten.

Die restlichen Krautstiele ebenfalls in Streifen schneiden. Nach 15 Minuten Bratzeit Weisswein, Bouillon und die Krautstiele beifügen. Die Hitze auf 200 Grad reduzieren und alles weitere 15 Minuten garen. Von Zeit zu Zeit die Krautstiele mit Garflüssigkeit übergiessen. Dann den Rahm beifügen, nachwürzen und nochmals 10–15 Minuten im Ofen belassen.

Bœuf niçoise

Geschmortes Rindfleisch mit Oliven und Tomaten

1	grosse Zwiebel
800 g	Rindsragout
Salz, Pfeffer aus der Mühle	
½ dl	Olivenöl
2 dl	Weisswein
2 dl	Fleischbouillon oder Wasser
1	Kräutersträusschen, bestehend aus 1 Lorbeerblatt, 2 Thymianzweigen und 4 Petersilienstengeln
16	schwarze Oliven
4	grosse Fleischtomaten
75 g	Speckwürfelchen
1	Bund Petersilie

Die Zwiebel schälen und fein hacken.

Das Fleisch unmittelbar vor dem Anbraten salzen und pfeffern. Das Olivenöl in einem Brattopf erhitzen und das Fleisch in 2–3 Portionen rundum anbraten. Zuletzt die Zwiebel darüberstreuen und kurz mitdünsten. Mit dem Weisswein und der Bouillon oder dem Wasser ablöschen. Das Kräutersträusschen beifügen. Alles zugedeckt auf kleinem Feuer 2 Stunden schmoren lassen.

Inzwischen die Oliven entsteinen. Die Tomaten kurz in kochendes Wasser tauchen, schälen und in Würfel schneiden. Den Speck im eigenen Fett knusprig braten. Auf Küchenpapier abtropfen lassen.

Nach 2 Stunden Kochzeit die Oliven, die Tomatenwürfel und den Speck zum Fleisch geben. Das Gericht weitere 45–60 Minuten leise schmoren lassen. Vor dem Servieren mit Salz und Pfeffer abschmekken und die feingehackte Petersilie beifügen.

Zum Rezept

Schmorgerichte mit Rindfleisch gibt es in der provenzalischen Küche in vielen Abwandlungen. Allen gemeinsam ist ihre lange Kochzeit, denn das Fleisch soll so weich sein, dass man es mit einer Gabel «schneiden» kann. Dieses Gericht schmeckt übrigens auch aufgewärmt sehr gut.

Poulet aux aromates

Huhn an Kräutersauce

1	Poulet, zirka 1,3 kg schwer

Marinade:

1	Zitrone
2	Zwiebeln
1 EL	Weissweinessig
1	Bund Petersilie
6 EL	Olivenöl
	Salz, schwarzer Pfeffer
	zirka 1 dl Olivenöl
	zirka 1 dl Weisswein

Kräutersauce:

1	Zitrone
1	Bund Petersilie
1	Bund Basilikum
1	Knoblauchzehe
½ dl	Olivenöl
	Salz, schwarzer Pfeffer

Das Poulet in Portionenstücke teilen.

Für die Marinade die Zitrone auspressen. Die Zwiebeln fein hacken und mit dem Zitronensaft, dem Essig, der feingehackten Petersilie, dem Olivenöl, Salz und Pfeffer in einer grossen Schüssel verrühren. Die Pouletteile hineinlegen und in der Marinade wenden. Mindestens eine Stunde darin ziehen lassen; von Zeit zu Zeit die Fleischstücke wenden.

Die Pouletteile aus der Marinade nehmen und gut abtropfen lassen. In einem Bräter das Olivenöl erhitzen und die Fleischstücke darin gleichmässig anbraten. Mit dem Weisswein ablöschen. Die in der Schüssel verbliebene Marinade über die Pouletteile geben. In der offenen Pfanne auf kleinem Feuer während etwa 40 Minuten schmoren lassen. Von Zeit zu Zeit wenden.

Während das Poulet schmort, die Kräutersauce zubereiten: Die Zitrone unter heissem Wasser gründlich spülen, dann in dünne Scheiben schneiden. Die Petersilie, das Basilikum und den Knoblauch fein hacken. Mit dem Olivenöl mischen, leicht salzen und pfeffern und zuletzt die Zitronenscheiben beifügen. Mit einer Gabel den Saft leicht herauspressen, dabei die Zitronenscheiben aber nicht zerquetschen. Die Pouletteile auf einer vorgewärmten Platte anrichten. Die Sauce separat dazu servieren.

Poulet à l'ail

Knoblauch-Huhn

2	kleinere Poulets
Salz, schwarzer Pfeffer	
reichlich frische Rosmarin- und Thymianzweige	
8	Salbeiblätter
1	Bund Petersilie
40	grosse Knoblauchzehen (zirka 250 g)
1 dl	Olivenöl

Croûtons:

1	Pariserbrot
zirka 1 dl Olivenöl	

Die beiden Poulets innen und aussen salzen und pfeffern und den Bauch mit je der Hälfte der Kräuter füllen.

Die Knoblauchzehen nur voneinander lösen, jedoch ungeschält belassen. Das Olivenöl in ein Bratgeschirr mit gut schliessendem Deckel geben. Die Knoblauchzehen auf dem Boden verteilen und die beiden Poulets darauflegen. Den Deckel aufsetzen. Den Bräter auf die zweitunterste Rille des auf 200 Grad vorgeheizten Ofens stellen. Die Poulets während 1½ Stunden garen, ohne den Deckel des Bräters je zu lüften.

Unmittelbar vor Ende der Garzeit das Pariserbrot in Scheiben schneiden und diese in Olivenöl auf beiden Seiten kurz rösten.

Die Poulets tranchieren. Die Knoblauchzehen dazu servieren. Man drückt sie auf dem Teller aus der äusseren festen Schale und bestreicht damit die Croûtons.

Zum Rezept

Eines der schönsten Rezepte aus der Provence-Küche überhaupt! Wird Knoblauch in seiner Schale gegart, so ist sein Aroma nicht durchdringend, sondern er schmeckt süsslich-würzig. Besonders fein wird das Gericht, wenn man im Sommer frischen Knoblauch verwendet.

Lapin à la moutarde

Kaninchen an Senfsauce

1	ganzes Kaninchen oder zirka 1,2 kg Kaninchenragout
2	Knoblauchzehen
200 g	schwarze Oliven
	Salz, schwarzer Pfeffer
	Olivenöl zum Anbraten
	Senf
1 TL	Thymianblättchen
2 dl	Weisswein
	zirka 2 dl Hühnerbouillon
4 EL	Doppelrahm oder Crème fraîche
1 EL	gehackte Petersilie

Das Kaninchen in 8 Stücke teilen. Die Knoblauchzehen schälen und fein hacken. Die Oliven entkernen und in Streifchen schneiden.

Unmittelbar vor dem Anbraten die Kaninchenteile salzen und pfeffern. Portionenweise in heissem Olivenöl anbraten. Herausnehmen und grosszügig mit Senf einreiben.

Im Bratensatz auf kleinem Feuer den Knoblauch andünsten. Die Oliven beifügen und ganz kurz mitdünsten. Dann die Fleischstücke wieder dazugeben. Mit dem Thymian bestreuen und dem Weisswein ablöschen. Gut die Hälfte der Bouillon beifügen. Alles auf kleinem Feuer zirka 1½ Stunden zugedeckt schmoren lassen. Von Zeit zu Zeit die Flüssigkeit kontrollieren; wenn nötig etwas Bouillon nachgiessen. Vor dem Servieren die Sauce mit Doppelrahm verfeinern und mit Senf nachwürzen. Zuletzt die Petersilie darüberstreuen.

Zum Rezept

Zum beliebtesten Fleisch in der Provence-Küche gehört das Kaninchen. Auf dem Land gibt es kaum einen Haushalt, in dem man nicht einen Kaninchenstall findet. Dementsprechend vielfältig und traditionsreich sind die Rezepte für dieses delikate, zarte Fleisch.

Carré d'agneau à la provençale

Lammkarree mit Kräutern

1	Lammkarree, zirka 1–1,2 kg schwer
2 EL	Senf
3 EL	Olivenöl
	schwarzer Pfeffer aus der Mühle
½ TL	Salz
1	Knoblauchzehe

Zum Überbacken:

1	Bund Petersilie
1 EL	Rosmarinnadeln
10–12	Basilikumblätter oder 1 TL Basilikumpaste
2	Salbeiblätter
1	Knoblauchzehe
½	Tasse Paniermehl
	Olivenöl

Das Lammkarree vom Metzger am Knochen achtmal einschneiden lassen, damit es sich später leicht tranchieren lässt.

Den Senf, das Olivenöl, Pfeffer, Salz und die durchgepresste Knoblauchzehe zu einer Paste mischen und das Lammkarree damit einstreichen.

Eine feuerfeste Form mit Olivenöl auspinseln. Das Lammkarree hineinlegen und im auf 250 Grad vorgeheizten Ofen auf der untersten Rille 10 Minuten braten. Dann die Hitze auf 80 Grad reduzieren; die Ofentüre solange öffnen, bis die Temperatur richtig ist. Das Karree weitere 15 Minuten im Ofen belassen.

In der Zwischenzeit die Kräuter und die Knoblauchzehe fein hacken und mit dem Paniermehl mischen. Soviel Olivenöl beifügen, dass eine krümelige Paste entsteht.

Am Ende der Bratzeit die Paste auf das Karree auftragen und in der Mitte des Ofens auf höchster Grillstufe 5–8 Minuten überbacken.

Zum Rezept

Zum besten Lammfleisch überhaupt gehört jenes der «agneaux des Alpilles», Lämmer, die sich vor allem von den würzigen Kräutern der Provence ernährt haben.

L'aiado

Gerollter Lammgigotbraten mit Knoblauchsauce

1,8–2 kg	**Lammgigot (Keule), vom Metzger entbeint und zum Rollen aufgeschnitten**
Salz, schwarzer Pfeffer	
1	**Bund Petersilie**
4	**Knoblauchzehen**
2–3 EL	**Paniermehl**
½ dl	**Olivenöl**

Knoblauchsauce:

20–24	**grosse Knoblauchzehen**
3 dl	**Gemüsebouillon oder Bratenjus**
1 EL	**Tomatenpüree**
4–5 EL	**Doppelrahm oder Crème fraîche**

Das Bratenstück beidseitig mit Salz und Pfeffer würzen. Die Petersilie und den Knoblauch fein hacken und mit dem Paniermehl mischen. Diese Kräuterfarce auf der einen Seite des Gigotstückes ausstreichen. Dann den Braten satt aufrollen und binden.

Den Backofengrill auf 250 Grad vorheizen.

Das Olivenöl in einem kleinen Pfännchen erhitzen. Den Lammgigotbraten in eine feuerfeste Form legen und mit dem heissen Öl beträufeln. Sofort im vorgeheizten Ofen auf der mittleren Rille während 12–15 Minuten anbraten.

Den Ofen ausschalten und öffnen, damit die Hitze austreten kann. Sobald die Temperatur noch etwa 75 Grad beträgt, die Ofentüre wieder schliessen und bei dieser Temperatur den Lammgigotbraten 1½ bis 1¾ Stunden gar ziehen lassen.

In der Zwischenzeit die Knoblauchsauce zubereiten: Die Knoblauchzehen schälen und in die Bouillon geben. Zugedeckt auf kleinem Feuer weich kochen. Dann die Zehen in der Garflüssigkeit mit einer Gabel grob zerdrücken. Das Tomatenpüree beifügen und alles nochmals aufkochen. Den Doppelrahm dazugeben. Die Sauce mit Salz und Pfeffer nachwürzen. Separat zum Lammgigotbraten servieren.

Zum Rezept

Dieser Braten kann auch am Drehspiess auf dem Grill zubereitet oder auf die konventionelle Art im Ofen bei 220 Grad unter Begiessen gebraten werden; in diesem Fall beträgt die Bratzeit 60–75 Minuten.

Mehr als nur Beilage: Gemüsegerichte

Wer Gemüse liebt, für den ist die Provence-Küche ein Paradies. Die provenzalischen Hausfrauen verstehen es wie kaum jemand anderer, diese einfachen Zutaten mit viel Phantasie in köstliche Mahlzeiten zu verwandeln.

Artichauts à la barigoule

Artischocken mit Thymian

8	grosse Artischocken
2	grosse Knoblauchzehen
1	grosse Zwiebel
4 EL	Olivenöl
50 g	Speckwürfelchen
2 EL	Thymianblättchen
2 dl	Weisswein
Olivenöl zum Beträufeln	

Den Stiel sowie das obere Drittel der Artischocken wegschneiden. Die Früchte unter fliessendem Wasser gründlich spülen. Gut abtropfen lassen.

Den Knoblauch und die Zwiebel schälen. Den Knoblauch fein hakken, die Zwiebel halbieren und in dünne Scheiben schneiden. Das Olivenöl in einer weiten Pfanne, in der alle Artischocken nebeneinander Platz finden, erhitzen. Die Zwiebelringe hineingeben und die Artischocken daraufsetzen. Die Speckwürfelchen, den Knoblauch und die Thymianblättchen darüberstreuen. Den Weisswein dazugiessen. Jede Artischocke mit etwas Olivenöl beträufeln. Die Artischocken zugedeckt auf kleinem Feuer während zirka 1 Stunde schmoren lassen. Von Zeit zu Zeit die Flüssigkeit kontrollieren; wenn nötig etwas Weisswein oder Wasser nachgiessen.

Die Artischocken schmecken sowohl warm wie kalt serviert.

Zum Rezept

Zu den beliebtesten Gemüsen der Provence gehören die Artischocken. Unter der Bezeichnung «à la barigoule» werden sie fast an jedem Ort wieder ein wenig anders zubereitet, und jeder schwört, dass sein Rezept das traditionelle ist. Übrigens: «barigoule» ist eine französische Abwandlung des provenzalischen Wortes «farigoule», was übersetzt «Thymian» bedeutet.

Les haricots secs à la provençale

Weisse Bohnen auf provenzalische Art

300 g	**getrocknete weisse Bohnen**
1	**mittlere Zwiebel**
2	**Knoblauchzehen**
2	**Karotten**
4 EL	**Olivenöl**
1½ l	**Wasser oder Bouillon**
200 g	**geräucherter Speck**
1	**Kräutersträusschen, bestehend aus je 4 Thymian- und Petersilienzweigen, 1 Lorbeerblatt, etwas Selleriegrün**
Salz, Pfeffer aus der Mühle	
2	**Eigelb**
1½ EL	**Weissweinessig**

Die Bohnenkerne während 2 Stunden in lauwarmem Wasser einweichen. Abschütten und in eine Pfanne geben. 1½ Liter lauwarmes Wasser dazugiessen und aufkochen. Dann die Pfanne sofort vom Herd ziehen und eine gute Stunde zugedeckt stehen lassen.

Die Zwiebel und die Knoblauchzehen schälen und fein hacken. Die Karotten rüsten und in kleinste Würfelchen schneiden. Im Olivenöl andünsten. Mit dem Wasser oder der Bouillon ablöschen. Die gut abgetropften Bohnen, den Speck und das Kräutersträusschen beifügen. Wenn nötig mit Salz und reichlich Pfeffer würzen. Alles auf kleinem Feuer während etwa 1½ Stunden zugedeckt köcheln lassen. Die Eigelb mit dem Weissweinessig verrühren. Wenn die Bohnen weich sind, die restliche Garflüssigkeit abschütten, dabei 1 dl auffangen und kochendheiss mit den Eigelben verrühren. Die Bohnen in einer vorgewärmten Schüssel anrichten und mit der Sauce übergiessen. Den Speck dünn aufschneiden und auf den Bohnen servieren.

Zum Rezept

Die provenzalische Hausfrau verwendet die übriggebliebene Garflüssigkeit von den Bohnen für eine Suppe: Dazu wird in jeden Suppenteller 1–2 Scheiben altbackenes Brot gegeben, dieses mit Olivenöl beträufelt und dann mit der heissen Bohnenkochflüssigkeit übergossen. Alles mit reichlich geriebenem Greyerzer bestreuen.

Bouillabaisse d'épinards

Spinateintopf mit verlorenem Ei

1 kg	Spinat
1	grosse Zwiebel
2	Knoblauchzehen
500 g	Kartoffeln
4 EL	Olivenöl
1,2 l	Bouillon
1	Briefchen Safran
1	Kräutersträusschen, bestehend aus 1 Lorbeerblatt, 4 Petersilienzweigen, etwas Fenchelkraut
Salz, schwarzer Pfeffer aus der Mühle	
4	möglichst frische Eier
4	Scheiben Pariserbrot
2 EL	Olivenöl

Den Spinat gründlich waschen und in kochendem Salzwasser während 2–3 Minuten blanchieren. Abschütten und leicht ausdrücken.

Die Zwiebel und die Knoblauchzehen schälen und fein hacken. Die Kartoffeln schälen und in 1 cm dicke Scheiben schneiden.

Das Olivenöl erhitzen und die Zwiebel-Knoblauch-Mischung glasig werden lassen. Den Spinat beifügen und unter Wenden 2–3 Minuten dünsten. Dann die Bouillon, die Kartoffeln, den Safran und das Kräutersträusschen beifügen. Alles auf kleinem Feuer zugedeckt während gut 20 Minuten kochen lassen, bis die Kartoffeln weich sind. Mit Salz und Pfeffer nachwürzen.

Die Eier nacheinander in eine Tasse aufschlagen und sorgfältig in die Suppe gleiten lassen. Während 4–5 Minuten in der leicht köchelnden Flüssigkeit pochieren.

Während die Eier garen, die Pariserbrotscheiben im Olivenöl auf beiden Seiten goldbraun braten. In vorgewärmten Tellern anrichten. Je ein pochiertes Ei daraufgeben und mit Spinat-Bouillabaisse umgiessen. Den restlichen Eintopf in der Schüssel servieren. Nach Belieben mit geriebenem Käse bestreuen.

Zum Rezept

Das Wort «Bouillabaisse» ist durchaus nicht nur eine Bezeichnung für die berühmte Fischsuppe. Es stammt aus dem Provenzalischen - «boui a baisso» - und bedeutet: Wenn es im Topf brodelt, stelle das Feuer kleiner (quand la marmite bout, baisse le feu).

Champignons de Paris à la provençale

Provenzalische Champignons

500 g Champignons	

Marinade:

3	**Knoblauchzehen**
1	**Bund Petersilie**
1 dl	**Olivenöl**

Salz, schwarzer Pfeffer

8	**Scheiben Pariserbrot**
¼ dl	**Olivenöl**
1 EL	**Zitronensaft**

Die Champignons waschen, gut abtropfen lassen und wenn nötig rüsten.

Für die Marinade die Knoblauchzehen und die Petersilie fein hacken. Mit dem Olivenöl mischen. Die Marinade leicht salzen und kräftig pfeffern. Die Champignons beifügen, alles sorgfältig mischen und mindestens 1 Stunde ziehen lassen.

Eine grosse Bratpfanne leer erhitzen. Die Champignons mitsamt Marinade hineingeben und auf starkem Feuer solange braten, bis praktisch alle Flüssigkeit verdunstet ist.

In der Zwischenzeit die Pariserbrotscheiben im heissen Olivenöl auf beiden Seiten goldbraun rösten. Auf vier Tellern anrichten.

Die Champignons wenn nötig mit Salz und Pfeffer nachwürzen und mit dem Zitronensaft beträufeln. Auf den Brotscheiben anrichten und möglichst heiss servieren.

Zum Rezept

Für dieses Gericht sollte man möglichst kleine Champignonköpfe verwenden; sie ziehen weniger Saft als geschnittene Pilze. Serviert man die Champignons als Beilage zu einem Fleischgericht, entfallen die gerösteten Pariserbrotscheiben.

Tian de courge

Kürbisgratin

800 g	**Kürbis, gerüstet gewogen**
4	**Knoblauchzehen**
1	**Bund Petersilie**
1 EL	**Thymianblättchen**
50 g	**Mehl**
50 g	**geriebener Greyerzer**
	Salz, schwarzer Pfeffer
	Muskatnuss
4 EL	**Paniermehl**
	Olivenöl zum Beträufeln

Das Kürbisfleisch in kleine Würfel schneiden.

Die Knoblauchzehen und die Petersilie fein hacken. Mit den Thymianblättchen, dem Mehl und dem Greyerzer in eine Schüssel geben. Die Kürbiswürfel beifügen und in dieser Mischung drehen und wenden. Mit Salz, Pfeffer und Muskatnuss würzen.

Eine Gratinplatte mit Olivenöl auspinseln. Die Kürbiswürfel darin verteilen und mit dem Paniermehl bestreuen. Mit reichlich Olivenöl beträufeln. Den Kürbisgratin im auf 180 Grad vorgeheizten Ofen auf der untersten Rille ungefähr 1 Stunde backen.

Zum Rezept

Der «Tian» ist eine provenzalische Gratinform und hat auch vielen überbackenen Gerichten den Namen gegeben. Der Kürbis-Tian ist eine beliebte herbstliche Spezialität, die häufig als kleines Abendessen oder als Vorspeise serviert wird.

Les courgettes farcies

Mit Reis gefüllte Zucchini

12	kleine Zucchini
50 g	Langkornreis
1	grosse Zwiebel
1	Knoblauchzehe
50 g	magerer Frühstücksspeck
2 EL	Olivenöl
8	Basilikumblätter
100 g	geriebener Greyerzer
2	Eier
2 EL	Doppelrahm oder Crème fraîche
Salz, Pfeffer aus der Mühle
3–4 EL Paniermehl

Die Zucchini waschen und den Stielansatz entfernen. Die ganzen Früchte ungeschält in Salzwasser 15 Minuten garen. Abschütten und leicht auskühlen lassen.

Den Reis in reichlich kochendem Salzwasser während 15 Minuten knapp weich garen. Abschütten und gut abtropfen lassen.

Die Zwiebel und die Knoblauchzehen schälen und fein hacken. Den Speck in ganz dünne Streifchen schneiden und im heissen Olivenöl anbraten. Die Zwiebel-Knoblauch-Mischung beifügen und kurz mitdünsten. In eine Schüssel geben.

Die Zucchini der Länge nach halbieren und mit einem Pariserlöffel oder einem scharfkantigen Teelöffel soviel Fruchtfleisch herausschaben, dass eine Vertiefung zum Füllen entsteht. Das Fruchtfleisch fein hacken und zur Speck-Zwiebel-Mischung geben. Das Basilikum fein schneiden und mit dem geriebenen Käse, den Eiern, dem Doppelrahm und dem gekochten Reis ebenfalls beifügen. Alles sorgfältig mischen und mit Salz und Pfeffer abschmecken.

Die Zucchini-Hälften bergartig füllen. In eine mit Olivenöl ausgepinselte Form geben und mit dem Paniermehl bestreuen. Die Zucchini im auf 220 Grad vorgeheizten Ofen auf der mittleren Rille während zirka 20 Minuten überbacken.

Zum Rezept
Auf die gleiche Weise können auch Auberginen, Patissons (Bischofsmützen) oder Tomaten gefüllt werden.

Tian de courgettes

Zucchini-Auflauf

1 kg	Zucchini
150 g	Mangold, Krautstielblätter (Rippenmangoldblätter) oder zarter Spinat
50 g	Langkornreis
2	grosse Zwiebeln
1	Knoblauchzehe
75 g	Frühstücksspeck
2 EL	Olivenöl
3	Eier
50 g	geriebener Parmesan
10	Basilikumblätter
Salz, Pfeffer	

Die Zucchini waschen, den Stielansatz entfernen und ungeschält in reichlich Salzwasser während 15 Minuten weich kochen.

Den Mangold, die Krautstielblätter oder den Spinat waschen und in Streifen schneiden. Mit den gekochten Zucchini im Mixer pürieren. Den Reis in Salzwasser 10 Minuten vorkochen. Abschütten und gut spülen, damit alle Stärke herausgeschwemmt wird.

Die Zwiebeln schälen, halbieren und in dünne Scheiben schneiden. Den Knoblauch fein hacken. Den Speck in dünne Streifchen schneiden, im heissen Olivenöl anbraten. Dann die Zwiebeln und den Knoblauch beifügen und unter Wenden 4–5 Minuten dünsten. Auskühlen lassen.

Die Eier in einer grossen Schüssel verquirlen. Den geriebenen Käse, die feingeschnittenen Basilikumblätter, die Zwiebel-Speck-Mischung, den Reis und das Gemüsepüree beifügen und alles sorgfältig mischen. Mit Salz und Pfeffer würzen. Die Masse in eine mit Olivenöl ausgepinselte feuerfeste Form geben.

Den Zucchini-Auflauf im auf 200 Grad vorgeheizten Ofen auf der zweituntersten Rille während etwa 45 Minuten backen. Heiss servieren.

Zum Rezept
Dieser Auflauf kann je nach Saison mit den verschiedensten Gemüsen zubereitet werden: Spargel, Erbsen, Artischocken, Kürbis, Auberginen, Lattich usw.

La Ratatouille niçoise

Ratatouille, wie man es in Nizza zubereitet

1,5 kg	Tomaten
1 kg	Zwiebeln
10	Knoblauchzehen
reichlich Olivenöl	
2 EL	Thymianblättchen
Salz, schwarzer Pfeffer	
1 kg	grüne Paprikaschoten
1 kg	Auberginen
1 kg	Zucchini
20	Basilikumblätter
1	Bund Petersilie

Die Tomaten kurz in kochendes Wasser tauchen, schälen, entkernen und in Würfel schneiden. Die Zwiebeln in Ringe schneiden. Die Knoblauchzehen in feine Scheibchen schneiden. In einer grossen Pfanne reichlich Olivenöl erhitzen und die Zwiebeln und den Knoblauch dünsten. Die Tomaten und den Thymian beifügen, salzen und pfeffern und alles auf kleinem Feuer etwa 30 Minuten schmoren.

In der Zwischenzeit die Paprikaschoten in Streifen schneiden. In reichlich Olivenöl knapp weich dünsten. In eine Schüssel geben.

Die Auberginen ungeschält in Stengelchen schneiden. In der Bratpfanne in Olivenöl knapp weich braten. Zu den Paprikaschoten geben. Die Zucchini ungeschält in Scheiben schneiden. In der Bratpfanne wie die Gemüse zuvor in Olivenöl knapp weich braten.

Erst jetzt alle Gemüse zur Tomaten-Zwiebel-Mischung geben. Alles noch 10–15 Minuten kochen lassen. Zuletzt das feingehackte Basilikum und die Petersilie beifügen und mit Salz und Pfeffer nachwürzen. Heiss oder kalt servieren.

Zum Rezept

Dieses bekannteste Gericht aus der Provence wird vielfach zu weich oder gar fast zu Mus gekocht. Im Originalrezept werden alle Zutaten separat zubereitet und erst am Schluss gemischt. Es lohnt sich übrigens, eine grosse Portion Ratatouille zuzubereiten, da sie sich im Kühlschrank mehrere Tage hält und kalt genauso gut wie warm schmeckt.

La Ratatouille d'hiver

Winter-Ratatouille

1 kg	Karotten
500 g	kleine Zwiebeln
500 g	Champignons
250 g	geräucherter Speck
¼ dl	Olivenöl
1 EL	Thymianblättchen
1 dl	Weisswein
1	Lorbeerblatt
Salz, schwarzer Pfeffer	

Die Karotten in Stengelchen schneiden. Die Zwiebeln je nach Grösse halbieren oder vierteln. Die Champignons rüsten, jedoch ganz lassen. Den Speck in Scheibchen oder Streifen schneiden.

In einer grossen Pfanne das Olivenöl erhitzen und den Speck darin leicht anbraten. Dann die Zwiebel und die Karotten beifügen und kurz mitdünsten. Die Champignons dazugeben, alles gut mischen, die Thymianblättchen darüberstreuen und mit dem Weisswein ablöschen. Das Lorbeerblatt dazulegen. Das Gemüse mit Salz und Pfeffer würzen. Alles zugedeckt auf kleinstem Feuer knapp 1 Stunde weich schmoren.

Zum Rezept

Ein ganz einfaches Hausfrauengericht, das aber kaum besser zeigen kann, wie gut Gemüse richtig zubereitet schmeckt und wie originell man die einfachsten Zutaten kombinieren kann.

Aubergines Bonne Femme

Auberginen nach Hausfrauenart

2	**Auberginen**
1	**mittlere Zwiebel**
zirka ½ dl Olivenöl	
Salz, schwarzer Pfeffer	
2	**Knoblauchzehen**
1	**Bund Petersilie**

Den Stielansatz der Auberginen entfernen und die Früchte ungeschält in kleine Würfel schneiden. Die Zwiebel schälen und fein hacken.

Das Olivenöl erhitzen und die Auberginenwürfel beifügen. Unter Wenden auf mittlerem Feuer 2–3 Minuten dünsten. Dann die Zwiebeln beifügen, das Gemüse salzen und pfeffern und auf kleinem Feuer weichkochen.

Die Knoblauchzehen und die Petersilie fein hacken. Gegen Ende der Kochzeit untermischen und noch kurz mitdünsten.

Köstlich schmeckt zu diesem einfachen Gemüsegericht geröstetes Knoblauch- oder Olivenbrot.

Zum Rezept

Über 200 verschiedene Auberginen-Rezepte soll es in der Provence geben! Man sagt von ihnen, sie seien «gourmands d'huile», also ausgesprochene Olivenöl-Liebhaber. Erst in Verbindung mit einem feinen Öl entfalten die Auberginen ihr Aroma so richtig. Übrigens: Reste von diesem Gericht – wenn es sie überhaupt gibt! – sind eine ausgezeichnete Omeletten-Füllung.

Quiche aux ognions

Provenzalischer Zwiebelkuchen

500 g	Zwiebeln
4	Knoblauchzehen
¼ dl	Olivenöl
1 TL	Thymianblättchen
½	Bund Petersilie
1	Lorbeerblatt
2	Fleischtomaten
Salz, schwarzer Pfeffer	
zirka 300 g Kuchenteig	
1½ dl	Sauer-Vollrahm oder Crème fraîche
2	Eier

Die Zwiebeln schälen und grob hacken. Die Knoblauchzehen schälen und in feine Scheibchen schneiden. Das Olivenöl erhitzen und beides auf mittlerem Feuer unter Wenden kurz dünsten. Dann die Hitze klein stellen und den Thymian, die Petersilie und das Lorbeerblatt beifügen. Unter gelegentlichem Wenden 30 Minuten schmoren lassen.

In der Zwischenzeit die Tomaten kurz in kochendes Wasser tauchen, schälen, quer halbieren, entkernen und in kleine Würfel schneiden. Nach 30 Minuten zu den Zwiebel geben. Jetzt die Masse salzen und pfeffern und weitere 15 Minuten schmoren lassen. Dann etwas auskühlen lassen. Das Lorbeerblatt entfernen.

Den Kuchenteig auswallen und eine Spring- oder Quicheform von zirka 24 cm Durchmesser damit auslegen. Eine Alufolie darübergeben und mit Reis bedecken. Den so vorbereiteten Teig auf der zweituntersten Rille des auf 200 Grad vorgeheizten Ofens 15 Minuten backen. Den Sauer-Vollrahm und die Eier verquirlen, leicht würzen und mit der Zwiebel-Tomaten-Masse sorgfältig mischen. Auf dem vorgebackenen Boden verteilen. Die Quiche bei gleichbleibender Hitze weitere 30 Minuten backen.

Zum Rezept

Man kann anstelle eines gekauften Kuchenteiges auch einen hausgemachten Mürbteig aus 200 g Mehl, ¼ Teelöffel Salz, 100 g Butter und ½ dl eiskaltem Wasser verwenden.

Les aubergines aux tomates

Auberginen-Tomaten-Gratin

Tomatensauce:	
1 kg	Tomaten
3	mittlere Zwiebeln
4	Knoblauchzehen
2 EL	Olivenöl
1	Kräutersträusschen, bestehend aus 4 Petersilienzweigen, 4 Thymianzweigen und 1 Lorbeerblatt
Salz, schwarzer Pfeffer	
1 kg	Auberginen
Olivenöl zum Braten	
75 g	geriebener Greyerzer

Zuerst die Tomatensauce zubereiten: Die Tomaten kurz in kochendes Wasser tauchen, schälen und in Würfel schneiden. Die Zwiebeln und die Knoblauchzehen schälen und fein hacken. Im Olivenöl kurz dünsten. Dann die Tomaten und das Kräutersträusschen beifügen. Alles mit Salz und Pfeffer würzen. Auf kleinem Feuer unter öfterem Umrühren ungedeckt 1 Stunde köcheln lassen.

In der Zwischenzeit den Stielansatz der Auberginen entfernen und die Früchte ungeschält der Länge nach in ½ cm dicke Scheiben schneiden. Reichlich Olivenöl in einer Bratpfanne erhitzen und die Auberginenscheiben portionenweise auf beiden Seiten hellbraun und weich braten. Auf Küchenpapier abtropfen lassen und mit Salz und Pfeffer würzen.

Eine Gratinform mit Olivenöl auspinseln. Etwas Tomatensauce auf dem Boden verteilen. Eine Lage Auberginenscheiben darübergeben und mit Tomatensauce decken. So weiterfahren, bis alle Zutaten aufgebraucht sind; mit Tomatensauce abschliessen. Dick mit dem geriebenen Käse bestreuen.

Den Auberginengratin im auf 200 Grad vorgeheizten Ofen auf der zweituntersten Rille während ½ Stunde goldbraun überbacken.

La tourte d'herbes

«Grüne» Torte

400 g	Krautstiele (Rippenmangold) mit Blättern
400 g	Lattich
400 g	Spinat
2	Eier
¾ dl	Doppelrahm oder Crème fraîche
1	Bund Petersilie
1	Bund Basilikum
	Salz, schwarzer Pfeffer
	zirka 500 g Kuchenteig

Die Gemüse waschen, rüsten und nach Sorten getrennt in kochendem Salzwasser blanchieren (Krautstiele: 5 Minuten, Lattich: 3–4 Minuten, Spinat: 2–3 Minuten). Abschütten, von Hand gut ausdrücken und mit dem Wiegemesser grob hacken.

Die Eier mit dem Doppelrahm in einer grossen Schüssel verquirlen. Die Kräuter fein hacken und beifügen. Die Masse kräftig mit Salz und Pfeffer würzen. Die Gemüse beifügen und alles gut mischen. Wenn nötig nachwürzen.

Eine Springform von zirka 24 cm Durchmesser leicht einfetten und mit wenig Mehl ausstäuben. Zwei Drittel des Kuchenteiges auswallen und die Form damit auslegen, dabei einen Rand von etwa 4 cm hochziehen. Die Gemüsemasse einfüllen. Den restlichen Teig etwas grösser als die Form auswallen und als Deckel auflegen. Die Ränder gut zusammendrücken und gegen innen aufrollen. Mit einer Gabel verschliessen und den Deckel regelmässig einstechen.

Die Torte im auf 200 Grad vorgeheizten Ofen auf der untersten Rille während 45–50 Minuten backen.

Zum Rezept

Die sommerliche Torte kann auch nur mit einem Gemüse oder in einer anderen Mischung (z.B. mit Zuckerhut, Endivie, Kopfsalat, Kresse, Chinakohl, Federkohl oder Wirz) zubereitet werden.

Zum Abrunden: Käse, Desserts und Gebäck

Die Mahlzeiten werden in der Provence mit Käse und frischen Früchten abgeschlossen. Dies ist auch der Grund dafür, dass es nur wenige Desserts im eigentlichen Sinne gibt. Beliebt hingegen ist Gebäck verschiedenster Art, zu dem auch ein Glas Wein passt.

Cachat

Marinierter Ziegenkäse

2	kleinere Ziegenkäse

Frischkäse (wenn möglich aus Ziegenmilch), etwa im Verhältnis ⅔ des Gewichtes des Ziegenkäses

2 EL Olivenöl

1 EL Thymian- oder Bohnenkrautblättchen

etwas Eau de vie oder Cognac

Den Ziegenkäse in einer Schüssel zerbröckeln. Den Frischkäse, das Olivenöl und die Kräuter beifügen und alles mit einer Gabel gut vermischen. In ein Steingutgefäss geben und nach Belieben mit etwas Eau de vie oder Cognac beträufeln; in manchen Rezepten wird auch etwas Olivenöl darübergeträufelt. Die Käsemischung vor dem Genuss mindestens einen Tag ziehen lassen. Kühl aufbewahren und alle 2–3 Tage umrühren; auf diese Weise hält sich der Cachat etwa vier Wochen frisch.

In Öl eingelegter Ziegenkäse

Die einfachere Variante ist der «Caillé»: Man gibt einen Ziegenkäse mit reichlich Thymian-, Bohnenkraut- und Rosmarinzweigen in ein kleines Gefäss und bedeckt das Ganze mit Olivenöl und einem Teelöffel schwarzer Pfefferkörner. Vor dem Genuss einige Tage ziehen lassen. Dann isst man den Caillé mit frischem Pariserbrot, das man in das Marinaden-Öl taucht.

Melon au Beaumes-de-Venise

Marinierte Melonenkugeln

2	gut reife Cavaillon-Melonen
1½ dl	Muscat Beaumes-de-Venise

Die Melonen quer zur Blüte in Hälften schneiden. Die Kerne herauskratzen. Dann mit einem Pariserlöffel aus dem Melonenfleisch kleine Kugeln ausstechen. Das restliche Melonenfleisch sauber aus den Schalenhälften schaben (für einen Fruchtsalat oder ein Fruchtpüree verwenden). Die Schalenhälften in Klarsichtfolie wickeln und bis zum Servieren in den Kühlschrank stellen.

Die Melonenkugeln in eine Schüssel geben und mit dem Muscat beträufeln. Im Kühlschrank am kältesten Ort mindestens 2 Stunden ziehen lassen; dabei einige Male sorgfältig mischen.

Zum Servieren die Melonenschalen in Suppenteller setzen und mit den marinierten Melonenkugeln füllen. Die restliche Marinade gleichmässig auf die vier Melonenhälften verteilen.

Nach Belieben kann man eine Kugel Melonensorbet dazu servieren.

Zum Rezept

Der Beaumes-de-Venise ist ein Apéritif und Dessertwein zugleich, der aus Muskat-Trauben gewonnen wird. Er ist leicht süsslich und sehr würzig im Aroma; man trinkt ihn sehr kalt. In der Provence ist er überall unter der Bezeichnung «Muscat» erhältlich.

Compote du vigneron

Winzer-Kompott

Saft von 1 Orange	
Saft von ½ Zitrone	
75 g	**Zucker**
1 kg	**Äpfel**
30 g	**Butter**
5 dl	**Rotwein**
100 g	**Zucker**
2	**Gewürznelken**
1	**Messerspitze Ingwerpulver**
6–8	**schöne, gut reife Birnen**

Den Orangen- und Zitronensaft mit dem Zucker in eine Pfanne geben und solange köcheln lassen, bis die Flüssigkeit sirupartig ist.

Inzwischen die Äpfel schälen, vierteln, das Kerngehäuse entfernen und die Früchte in Schnitze schneiden. In den Sirup geben und solange zugedeckt kochen lassen, bis sie sehr weich sind. Mit dem Mixerstab oder im Mixer fein pürieren. Dann die Butter in das noch heisse Püree rühren. Das Püree in eine tiefe Platte giessen und auskühlen lassen.

In einer grossen Pfanne den Rotwein, den Zucker, die Nelken und das Ingwerpulver zusammen aufkochen und 4–5 Minuten leise kochen lassen.

Die Birnen schälen. Die Fliege sorgfältig herausstechen, den Stiel jedoch an der Frucht belassen. Die Birnen in den Rotweinsud geben und solange auf kleinem Feuer pochieren, bis die Birnen weich sind. Im Sud auskühlen lassen.

Die Birnen auf dem Apfelpüree anrichten. Den Sud auf grossem Feuer solange einkochen lassen, bis er sirupartig ist. Lauwarm oder kalt separat zum Kompott servieren.

Zum Rezept

Dieses alte Rezept stammt aus dem Gebiet, wo der Côtes-du-Rhône wächst. Vorzugsweise bereitet man deshalb das Kompott mit einem Wein aus dieser Gegend zu.

La frangipane

Mandelfladen

400 g Blätterteig	
Füllung:	
100 g	**Mehl**
100 g	**Puderzucker**
1	**Beutel Vanillinzucker**
2	**ganze Eier**
3	**Eigelb**
5 dl	**Milch**
50 g	**Butter**
50 g	**geschälte und fein gemahlene Mandeln**
einige Tropfen Bittermandelaroma	

Den Blätterteig halbieren und je ein Rechteck 3–4 mm dick ausrollen. Auf ein kalt abgespültes Backblech legen und im auf 220 Grad vorgeheizten Ofen auf der untersten Rille während etwa 20 Minuten hellbraun backen. Diese beiden Blätterteigkissen noch warm so aufschneiden, dass ein Boden und ein Deckel entstehen. Auskühlen lassen.

Das Mehl, den Puderzucker und den Vanillinzucker in einer Pfanne mischen. Die ganzen Eier und die Eigelb zusammen verquirlen und beifügen. Die Milch aufkochen und unter Rühren dazugiessen. Dann die Pfanne auf die Herdplatte geben und unter ständigem Rühren mit dem Schwingbesen aufkochen. Sobald die Creme zu binden beginnt, die Butter beifügen und kräftig unterrühren. Vom Feuer nehmen und die Creme in einem Eiswürfelbad kalt rühren; damit wird verhindert, dass sich eine Haut bildet. Erst jetzt die Mandeln und das Bittermandelaroma beifügen.

Die Creme auf die beiden Blätterteigböden streichen und die Deckel aufsetzen. Möglichst frisch genossen, schmeckt die Frangipane am besten.

Zum Rezept
Man kann anstelle von zwei grossen Frangipanes auch kleine Blätterteigkissen backen.

Tarte de courge

Kürbiskuchen

Mürbeteig:

180 g	Mehl
50 g	Puderzucker
1	Prise Salz
100 g	Butter
1	Ei
2 EL	Rahm

Füllung:

500 g	Kürbis, geschält und entkernt gewogen
2½ dl	Wasser
1	Prise Salz
100 g	brauner Zucker
1	Beutel Vanillinzucker
3	Eier
1 dl	Rahm
1 dl	Milch
1 TL	Zimtpulver
2	Prisen Nelkenpulver
½ TL	Ingwerpulver

Das Mehl in eine Schüssel sieben und mit dem Puderzucker und dem Salz mischen. Die Butter in Flocken dazuschneiden. Dann alles mit den Fingern rasch zu einer krümeligen Masse reiben. Das Ei mit dem Rahm verquirlen, beifügen und schnell zu einem glatten Teig kneten. In Klarsichtfolie wickeln und mindestens 1 Stunde kühl stellen.

Das Kürbisfleisch in Würfel schneiden und mit dem Wasser und dem Salz aufkochen. Auf kleinem Feuer solange garen, bis der Kürbis sehr weich ist. In ein Sieb abschütten und sehr gut abtropfen lassen, dabei ganz leicht ausdrücken. Im Mixer pürieren.

Den Zucker und den Vanillinzucker mit den Eiern schaumig schlagen. Den Rahm, die Milch, alle Gewürze sowie das Kürbispüree beifügen. Eine Quiche- oder Springform von zirka 24 cm Durchmesser leicht einfetten und mit wenig Mehl bestäuben. Die Hälfte des Teiges in der Grösse der Form ausrollen und den Boden damit belegen. Den restlichen Teig zu einer langen, dünnen Wurst rollen und damit den Rand formen. Das Kürbispüree einfüllen.

Den Kürbiskuchen auf der zweituntersten Rille des auf 200 Grad vorgeheizten Ofens während etwa 50 Minuten backen. Lauwarm oder ausgekühlt servieren. Besonders gut schmeckt Vanilleglace oder halbsteif geschlagener Vanillerahm dazu.

Zum Rezept
Dieser Kuchen kann auch mit Zucchini oder Karotten zubereitet werden.

Rezeptverzeichnis

Bibliografie

François Beaulieu: Les meilleures recettes du Languedoc-Roussillon, Edition ouest france 1984

Nicolai Blechinger: 100 provenzalische Gerichte, Köln: Hayit Verlag 1989

Jean-Paul Clébert: Le livre de l'ail, Editions A. Barthélemy 1987

Hervé Duchêne: Les meilleures recettes provençales, Edition ouest france 1979

Jacqueline Engert: My provençal kitchen, MOTIFS-Publishing 1986

Leslie Forbes: Eine kulinarische Reise durch die Provence, Köln: DuMont Buchverlag 1988

Monique A. Gruénais-Vanverts: La Cuisine de Provence Luberon, Editions Denoël 1982

Inge Helm: Küche der Provence, BLV Verlagsgesellschaft 1988

Monique Lichtner: Knoblauch, Kräuter und Oliven, Kunstverlag Weingarten 1982

Monique Lichtner: La cuisine provençale, Kunstverlag Weingarten 1979

Jacques Médecin: Die Küche von Nizza, Kunstverlag Weingarten 1986

Carey et Julian More: Provence Gourmande, Editions Flammarion 1989

Marius Morard: Manuel complet de la Cuisinière Provençale, Editions PML

Marion Nazet: MISE LIPETO le calendrier gourmand de la cuisine provençale d'hier et d'aujourd'hui, Editions Créer 1981/82

Henri Philippon: Cuisine de Provence, Editions Albin Michel 1977

Susi Piroué: Echt provenzalisch kochen, Verlag Gräfe und Unzer

Jean-Pierre Poulain/Jean-Luc Rouyer: Histoire et Recettes de la Provence et du Comté de Nice, Editions Privat 1987

Lucette Rey-Billeton: Les bonnes recettes du soleil, Editions Aubanel

Roger Vergé: Les fêtes de mon Moulin, Editions Flammarion 1986